과학은 쉽다!

★ 초등학교 과학 교과서와 함께 봐요!

과학 3-1   지구의 모습
과학 5-1   태양계와 별
과학 5-2   생물과 환경
과학 6-1   지구와 달의 운동
과학 6-2   계절의 변화

* 3~6학년 과학 교과서는 출판사별로 교과 단원 순서가 달라, 순번을 표기하지 않았습니다.

태양계 천체의 운동

과학은 쉽다!

최영준 글·민과우 그림

비룡소

차례

1 같은 하늘을 다르게 바라봤다고? 과거와 현재의 천체 관측

신라의 천문학자, 21세기 대한민국에 불시착! · 8
도대체 태양계가 뭐야? · 18 태양계를 관측하는 방법 · 20
태양계에 대한 지식은 계속 변해! · 22

더 알아보기 첨성대는 정말 신라의 천문대였을까? · 24 도전! 퀴즈 왕 · 26
질문 있어요! 우리가 알고 있는 자연에 대한 지식은 정확한 건가요? · 28

2 태양계는 태양이 만든 가족이야! 태양계의 천체들

태양계는 식구가 많은 대가족이야! · 30 태양계 가족을 소개할게 · 32
태양은 태양계의 엄마와도 같아! · 34 지구형 행성과 목성형 행성 · 36
달이 지구의 파편으로 만들어졌다고? · 38 태양계의 비밀을 간직한 소행성 · 40
닮은 듯 다른 유성과 혜성 · 42

더 알아보기 태양계 8개 행성의 특징 · 44 도전! 퀴즈 왕 · 48
질문 있어요! 밤하늘에 빛나는 별은 태양계 천체가 아닌가요? · 50

3 태양계는 쉬지 않고 움직여! 태양계 천체의 운동

정말 지구가 태양계의 중심일까? · 52 사실은 지구가 태양 주위를 돌아! · 54
태양계 천체들의 공전과 자전 · 56 지구 주위를 빙글빙글 도는 달 · 58
천체들이 서로를 잡아당긴다고? · 60 만약 천체들이 움직임을 멈춘다면? · 62

더 알아보기 돌긴 도는데, 이상하게 도는 행성이 있다고? · 64 도전! 퀴즈 왕 · 66
질문 있어요! 태양계는 영원히 지금과 같은 모습으로 돌까요? · 68

4 태양계와 지구가 연결되어 있다고?
천체의 운동이 만든 자연 현상

지구가 돌며 낮과 밤을 만들어! · 70   달이 태양을 사라지게 한다고? · 72
지구 그림자 때문에 붉은색 달이 뜬다고? · 74   계절의 변화가 생기는 이유 · 76
달이 지구의 바다를 당겼다 놨다 해 · 78   태양풍이 오로라를 만들어! · 80
유성은 혜성과 소행성이 남긴 똥이라고? · 82

더 알아보기 태양계와 온 우주가 연결돼 있다고? · 84   도전! 퀴즈 왕 · 86
질문 있어요! 지구가 다른 천체와 충돌할 위험은 없나요? · 88

5 태양계가 더 넓어지고 있다고?
태양계의 새 영역과 구성원

태양계의 끝은 어디일까? · 90   행성의 지위도 바뀔 수 있다고? · 92
아직도 새로운 위성이 발견된다고? · 94   인공위성이 태양계의 모습을 바꿔! · 96
태양계 곳곳을 조사하는 우주 탐사선 · 98

더 알아보기 달과 화성 표면을 달리는 로봇이 있다고? · 100   도전! 퀴즈 왕 · 102
질문 있어요! 우주 쓰레기는 어떻게 처리해요? · 104

① 같은 하늘을 다르게 바라봤다고?

과거와 현재의 천체 관측

신라의 천문학자, 21세기 대한민국에 불시착!

도대체 태양계가 뭐야?

신라의 천문학자와 오늘날의 우리가 만나면 정말 이런 일이 벌어지지 않을까? 우리에게는 너무나 자연스러운 태양계에 대한 지식이 조상들의 지식과 많이 다를 테니 말이야.

사람들은 오래 전부터 우주라는 미지의 세계를 알고 싶어 했어. 태양계도 오랜 관찰 끝에 밝혀진 지식이야. 그런데 도대체 태양계가 무엇이냐고? **태양계**란 태양과 태양 주위를 도는 천체들, 그리고 그것들이 차지하는 공간을 말해. 태양과 태양의 영향을 받는 천체들이 살고 있는 우주 마을이라고 생각하면 돼.

우리 조상들은 태양계의 존재를 정확히 파악하진 못했지만 일찍이 천체를 관찰하며 우주를 연구했어. 조상들은 아침에 해가 뜨고 저녁에 해가 지는 걸 보며 태양이 지구 주위를 돈다고 생각했어. 저녁에는 밝게 빛나고, 아침이 되면 찾아 보기 어려운 달도 마찬가지였지. 하지만 관측 기술이 발달해 보다 자세히 우주를 관찰하면서 지구가 태양 주위를 돈다고 해야만 설명할 수 있는 현상들을 발견하게 됐어.

오늘날 태양계에 대한 지식은 과거부터 차곡차곡 쌓여 온 거야. 조상들은 일식과 월식, 유성, 오로라 같은 자연 현상을 왕과 백성을 향한 하늘의 뜻이 나타난 것이라고 생각했지. 하지만 이제 우리는 이 현상들이 태양계 천체들이 움직이는 덕분에 일어난다는 사실을 알아.

태양계를 관측하는 방법

이런 지식의 차이가 생긴 이유는 태양계를 관측하는 방법이 변했기 때문이야. 높은 곳에 올라 하늘을 관찰하는 기본적인 방법은 같아. 하지만 옛날 사람들이 **첨성대**처럼 높은 곳에 올라가서 맨눈으로 하늘을 관측한 반면, 현대의 천문학자들은 높은 산에 세워 놓은 **망원경**이라는 도구를 이용해서 하늘을 관측해. 작은 물체를 크게 보이도록 해 주는 돋보기를 알고 있니? 망원경은 쉽게 말해 우주를 보는 돋보기라고 할 수 있어. 까만 밤하늘에 점처럼 빛나는 천체를 확대해서 볼 수 있게 도와주거든. 우리 눈으로 보는 것보다 더 자세히 볼 수 있기 때문에 태양계 천체에 대해 더 정확한 정보를 얻을 수 있어.

생각해 봐. 집을 겉에서 보기만 하는 것과 집 안에 들어가서 속속들이 보는 것은

차원이 다르겠지? 당연히 들어가 봤을 때 더 자세히, 많은 것을 알 수 있어. 천체를 눈으로 보는 것과 망원경으로 관측하는 것은 그런 차이가 있다고 할 수 있어.

참, 짚고 넘어갈 게 있어. 많은 학자들이 신라의 첨성대가 천체를 관측하는 용도의 건물일 거라고 생각하지만 완벽히 밝혀진 사실은 아니야. 천체를 관찰하는 데 쓰였다는 확실한 기록이 발견되지는 않았기 때문이지. 다만 첨성대의 구조와 신라의 다양한 천문 관측 기록을 통해 첨성대가 천문대였을 거라고 추측하고 있어.

태양계에 대한 지식은 계속 변해!

수많은 관측을 통해 태양계에 대한 지식을 쌓아 왔으니 이제 더 알아낼 것이 없지 않겠냐고?

그렇지 않아. 우리는 아직 태양계에 대해 모르는 부분이 많아. 태양계는 무지무지 크고 넓기 때문에 아무리 좋은 망원경을 써도 멀리 있는 천체들은 자세히 관찰하기가 힘들어. 달에 대해 아는 것은 많지만, 천왕성이나 해왕성처럼 멀리 있는 행성에 대해서는 모르는 게 많기 때문에 태양계에 대한 지식은 계속 변해 갈 거야.

 게다가 사람이 쏘아 보낸 인공위성 같은 태양계 구성원이 점점 늘어 가고 있어. 불과 백 년 전과 지금 바라보는 지구 주위의 모습은 엄청 다를 거야. 달과 화성에 사람을 보낸다고 하니, 앞으로 태양계의 모습이 사람에 의해 또 어떻게 달라질지 모르는 일이야.

 자, 그럼 이제부터 천문학자들이 오랜 시간 다양한 방법으로 알아낸 태양계에 대한 지식과, 계속 변화하고 있는 태양계의 모습에 대해 알아보자. 앞으로 태양계의 모습이 또 어떻게 변해 갈지 상상해 보면서 말이야!

> 더 알아보기

첨성대는 정말 신라의 천문대였을까?

경상북도 경주에 있는 첨성대는 나라에서 국보로 지정한 신라의 문화 유산이야. 신라 선덕 여왕 때인 632년에서 647년 사이에 지어져 무려 1300년 이상 그 자리를 지켜 왔지. 높이가 약 9미터나 되는 이 거대한 건축물은 무얼 위해 만든 것이었을까?

아직까지 결정적인 증거는 없지만, 많은 학자들은 첨성대가 신라의 천문대였을 거라고 생각해. 우선 조선 시대에 기록된 『신증동국여지승람』을 보면 첨성대를 오르내리며 천문 관측을 했다는 내용이 있어.

구조적인 측면에서도 첨성대를 천문대라고 생각할 만한 증거가 있어. 우선 조선 시대에 만들어진 '관천대'라는 천체 관측 시설 윗부분의 모양이 첨성대와 유사해. 또 가운데 창문을 기준으로 위와 아래가 12층씩으로 나뉘는 구조는 1년 12달, 24절기를 의미한다고 볼 수 있어.

학자들은 이런 이유로 첨성대가 천문대였을 거라고 주장해 왔어. 게다가 선덕 여왕 이후에 신라의 천체 관측 기록이 무려 10배 이상 많아졌고, 훨씬 정확해졌다는 사실도 이런 주장을 뒷받침하는 근거가 됐어. 하지만 이런 정황에도 불구하고 결정적인 증거는 아직까지 나오지 않았기 때문에 천문대였다고 단정 지을 수는 없어.

⭐ 도전! 퀴즈 왕

1. 신라 때와 현재의 태양계에 대한 지식이 다른 이유는 무엇 때문인가요? 만화를 읽고 느낀 생각을 적어 보세요.

----

2. 태양계에 대한 설명으로 틀린 것을 고르세요.

① 과거와 현재의 태양계 지식은 많이 달라요.

② 망원경을 활용하면 밤하늘의 천체를 더 잘 관찰할 수 있어요.

③ 사람이 쏘아 보낸 인공위성이 점점 늘어 가고 있어요.

④ 우리는 태양계에 대해 모르는 부분이 아직도 많아요.

⑤ 현대 과학자들은 태양계가 어떻게 변화할지 정확히 예측해요.

3. 아래 글을 잘 읽고 괄호 안의 설명 중 맞는 것에 동그라미 치세요.

> 과거에는 일식, 월식, 유성, 오로라 같은 자연 현상을 왕과 백성을 향한 하늘의 뜻이라고 생각했어요. 하지만 이제 우리는 이 현상들이 태양계 천체들이 (**움직이는**, **멈춰 있는**) 덕분에 일어난다는 사실을 알아요.

4. 첨성대에 대한 설명을 잘 읽고 맞으면 O, 틀리면 X 표시 하세요.

- 경상북도 경주에 있는 첨성대는 우리나라 국보예요. (   )
- 신라의 선덕 여왕 때 짓기 시작해 조선 시대에 완성되었어요. (   )
- 선덕 여왕 이후 신라의 천체 관측이 크게 늘었어요. (   )
- 첨성대를 지은 것과 천체 관측은 아무런 상관이 없다는 주장이 많아요. (   )
- 결정적인 증거는 없지만, 많은 학자들이 첨성대가 천문대였을 거라고 주장해요. (   )

정답 1. 예) 관측 기구의 발달 덕분에 더 정확하게 정보를 얻기 때문에 2. ⑤ 3. 움직이는 4. O, X, O, X, O

> **질문 있어요!**

 **우리가 알고 있는 자연에 대한 지식은 정확한 건가요?**

우리가 알고 있는 자연에 대한 지식은 현재 기준에서는 가장 정확한 지식이라고 할 수 있어. 하지만 미래에는 우리가 아는 지식 중 일부는 잘못된 것으로 밝혀질 수 있지. 마치 과거 조상들이 태양이 지구 주위를 돈다고 생각했던 것처럼, 우리의 지식은 과학의 발전에 따라 변할 수 있어.

사실 자연에 대한 인간의 지식은 이런 방식으로 발전해 왔어. 태양계의 구조에 대한 지식, 세상 모든 물질을 구성하는 원자에 대한 지식 등 모든 지식이 잘못된 것에서 출발해 관찰과 발견을 통해 점점 정확한 지식으로 발전해 왔지. 뉴스에서 나오는 과학자들의 새로운 연구 결과들은 이처럼 기존의 지식을 뒤집거나, 더 발전시킨 성과들이야.

하지만 잘못된 지식을 믿었다고 해서 과거 조상들을 무시하거나 비난해서는 안 돼. 조상들의 생각이 없었다면 새롭고 정확한 지식을 발견할 수 없었을 테니까 말이야. 잘못된 지식에 대한 의심에서 정확한 지식이 싹튼 거라고 할 수 있거든.

②
태양계는 태양이 만든 가족이야!

태양계의 천체들

태양계는 식구가 많은 대가족이야!

 지금으로부터 약 1400년 전, 우리나라가 있는 한반도에는 신라와 고구려, 백제라는 세 개의 나라가 있었어. 세 나라에 사는 조상들은 각자 하늘을 관찰하며 우주에 어떤 천체가 있는지를 기록했지. 하지만 맨눈으로 하늘을 관찰했기 때문에 볼 수 있는 게 많지 않았어. 태양과 지구, 달, 금성, 혜성 같은 천체가 조상들이 알고 있는 우주의 전부라고 할 수 있었지.

 조상들이 생각한 태양계는 무척이나 작고 단순한 모습이었어. 지금 우리가 알고 있는 태양계에 비하면 말이야.

실제 태양계는 태양과 8개의 행성을 비롯해 위성, 소행성, 혜성 등 수많은 천체들로 이루어져 있어. 심지어 이렇게 거대한 태양계조차 광활한 우주의 아주 작은 일부분에 지나지 않지.

조상들이 이해한 태양계가 식구 수가 적은 '소가족'이라면, 과학 기술이 발달하며 우리가 알아낸 태양계는 식구 수가 많은 '대가족'이라고 할 수 있어.

그런데 행성은 뭐고, 위성, 소행성, 혜성은 또 뭐냐고? 그리 서두르지 마. 이제부터 태양계의 구성원과 그들의 특징에 대해 차근차근 알아보자!

태양계 가족을 소개할게

가계도를 본 적 있니? 가계도는 가족들 사이의 관계를 한눈에 알아볼 수 있도록 그린 그림을 말해. 대가족인 태양계의 가계도를 그린다면 어떻게 그릴 수 있을까?

태양계 천체를 한꺼번에 보여 주는 아래의 그림을 일종의 가계도라고 할 수 있어. 실제 위치와 크기를 정확히 담아내기는 어렵지만 말이야. 가장 왼쪽에 일부만 나온 천체가 바로 태양계의 중심인 태양이야. 태양이 얼마나 커다란지 느껴지니?

태양 주위를 도는 둥근 천체들은 행성이라고 해. 태양에 가까운 순서대로 수성, 금성, 지구, 화성, 목성, 토성, 천왕성, 해왕성이 있어. 각 행성 주위에는 행성이 거느린 위성도 있지.

그런데 목성과 토성, 천왕성, 해왕성이 다른 행성에 비해 무척 크지 않니? 이 네 행성을 **목성형 행성**이라고 불러. 또한 태양 가까이에 있고 크기는 비교적 작은 수성, 금성, 지구, 화성을 **지구형 행성**이라고 부르지. 자세한 내용은 뒤에서 더 살펴보자.

지구형 행성과 목성형 행성 사이에 놓인 띠는 소행성들이 모여 있는 **소행성대**야. 절묘하게 지구형 행성과 목성형 행성을 나누고 있는 것처럼 보이지?

해왕성의 끝자락에도 띠처럼 보이는 영역이 있어. 이 영역을 **카이퍼 벨트**라고 해. 작은 태양계 천체들이 모여 있지. 또 과학자들은 카이퍼 벨트 밖에 먼지와 얼음으로 이뤄진 **오르트 구름**이 태양계를 껍질처럼 둘러싸고 있을 거라고 예상하고 있어. 어때, 마치 가계도처럼 태양계의 모습이 한눈에 들어오지?

토성 천왕성 해왕성 카이퍼 벨트 오르트 구름

태양은 태양계의 엄마와도 같아!

태양은 마치 엄마와 같은 천체라고 할 수 있어. 행성과 위성, 소행성 등 태양계 가족을 이루는 거의 모든 구성원이 태양으로부터 생겨났거든. 마치 엄마가 아이들을 낳듯, 태양이 태양계 천체들이 생기는 데 결정적인 역할을 한 거야.

태양은 지금으로부터 약 46억 년 전에 만들어진 항성이야. **항성**은 스스로 빛을 내는 천체를 말하는데, 흔히 '별'이라고 부르지. 태양은 태양계의 단 하나뿐인 항성이야.

항성은 어떻게 스스로 빛을 내는 거냐고? 항성은 우주 공간 곳곳에 모여 있는 가스와 먼지가 뭉쳐지며 만들어져. 뭉치는 과정에서 '핵융합'이라는 현상이 일어나 어마어마한 에너지를 만들어. 그 에너지가 빛과 열로 내뿜어져서 빛을 발하게 되는 거야.

이렇게 태양을 만들고 남은 재료와 작은 암석 덩어리들이 더해져 태양계 천체를 형성했어. 뜨겁게 달궈진 가스와 먼지, 암석 덩어리가 태양 주위를 빙글빙글 돌면서 부딪히고 뭉치면서 수십 개의 '원시 행성' 덩어리를 이뤘지.

　그 덩어리들이 다시 부딪히고 합쳐지며 태양계를 이루는 행성들을 만든 거야. 마치 엄마의 몸에서 아이가 태어나는 것처럼, 태양을 이룬 것과 같은 물질들이 태양의 영향을 받아 행성을 이뤘다는 점에서 태양은 행성들의 엄마라고 할 수 있어.

　참! 행성은 항성과 달리 스스로 빛을 내뿜지 못해. 그저 태양 빛을 반사해 빛날 뿐이지. 지구에서 보면 별도 행성도 모두 반짝거리지만, 실제로 빛나는 천체는 태양 같은 항성뿐이야.

지구형 행성과 목성형 행성

 행성이 지구형 행성과 목성형 행성으로 나뉜다고 한 거 기억하지? 왜 그런 걸까? 단순히 위치와 크기 차이 때문인 걸까?

 지구를 닮은 지구형 행성과 목성을 닮은 목성형 행성은 구성 성분이 서로 다른데, 그게 가장 큰 이유라고 할 수 있어. 수성, 금성, 지구, 화성 같은 지구형 행성은 매우 단단한 암석으로 이루어져 있어. 그래서 크기는 상대적으로 작지만 밀도(성분이 빽빽하게 모여 있는 정도)가 높아.

 게다가 지구형 행성의 땅에는 금속 성분이 들어 있어. 그렇기 때문에 지구에서는 땅에서 금속 성분을 캐서 각종 금속 제품을 만들어 쓸 수 있는 거야.

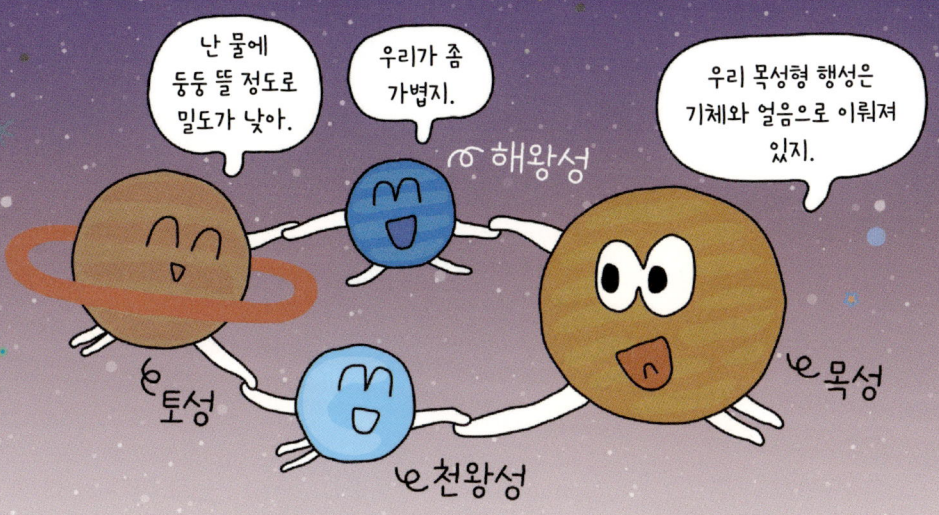

 반면 목성, 토성, 천왕성, 해왕성 같은 목성형 행성은 대부분 기체와 얼음으로 이루어져 있어. 특히 목성과 토성은 주로 기체로 이루어져 있고, 천왕성과 해왕성에는 얼음 성분이 많아. 암석이 전혀 없는 건 아니지만 기체나 얼음 같은 성분이 훨씬 많지. 그래서 목성형 행성은 밀도가 낮아. 토성은 물보다도 밀도가 낮아서, 만약 토성을 물에 넣을 수 있다면 물에 둥둥 떠다닐 거라고 해.

 목성형 행성은 지구형 행성보다 훨씬 커. 수많은 사람들이 살고 있는 지구도 목성형 행성에 비하면 작은 행성에 불과해. 또 지구형 행성은 모두 고리가 없지만 목성형 행성은 희미하게나마 모두 고리를 가지고 있다는 차이가 있어.

달이 지구의 파편으로 만들어졌다고?

지구와 목성형 행성은 위성을 가지고 있다는 점에서 닮았어. **위성**은 행성 주위를 돌고 있는 천체를 말해. 지구의 주위를 빙빙 도는 **달**이 지구의 위성이지.

위성이 어떻게 태어났는지 궁금하지 않니? 위성은 크게 두 가지 방식으로 만들어졌어. 첫 번째는 행성은 가스와 얼음, 먼지 등이 뭉치면서 만들어지는데, 그때 행성에 포함되지 않고 남은 물질들이 뭉쳐져 만들어진 경우야.

두 번째는 행성 주위를 지나가던 작은 천체들이 만유인력에 의해 붙잡히면서 행성 주위를 돌게 되거나, 아예 충돌한 뒤 파편으로 생긴 천체가 위성이 되는 경우야.

만유인력은 또 뭐냐고? **만유인력**은 둘 이상의 물체가 있을 때 서로를 잡아당기는 힘을 말해. 무거운 물체일수록, 서로 가까이 있을수록 더 센 힘으로 잡아당기지. 지구보다 질량(물체 고유의 양)이 작은 달이 지구 주위를 빙빙 도는 것도 바로 이 때문이야.

사람들 사이에도 만유인력이 작용하지만 그 힘이 아주 작기 때문에 느낄 수 없어. 질량이 큰 천체들 사이에서 작용하는 만유인력 정도가 돼야 우리가 관찰할 수 있는 현상을 일으키거든.

지구의 위성인 달이 바로 만유인력으로 두 천체가 충돌해서 탄생한 거야. 달은 지구가 만들어진 뒤에 지구보다는 조금 작은, 화성과 비슷한 크기의 천체가 지구와 충돌하면서 만들어졌어. 두 천체가 부딪히면서 많은 파편이 나왔고, 그 파편들이 섞이며 하나로 뭉쳐져 달이 된 거야. 정말 신기하지?

지구의 위성이 하나뿐인 것처럼 지구형 행성은 위성이 없거나 적고, 목성형 행성은 지구형 행성보다 더 많은 위성을 거느리고 있어.

태양계의 비밀을 간직한 소행성

 태양계 행성들은 약 46억 년에 걸쳐서 서서히 변해 왔어. 태양을 만들고 남은 물질들이 서로 부딪히고 합쳐져 행성들이 되었지. 지구도 마찬가지야. 주변 천체와 부딪히고 합쳐지기도 하고, 화산과 지진 같은 자연 현상을 겪으면서 그 모습이 계속 변해 왔어. 하지만 태양계 형성 당시부터 지금까지 변화 없이 모습을 유지해 온 천체가 있는데, 바로 소행성이야.

 소행성은 태양 주위를 도는 암석 덩어리야. 태양계가 생겨날 때 태어난 작은 천체들이 행성에 합쳐지지 않고 남아 있는 것이지. 내부에서 별다른 지각 활동이 일어나지 않고, 대기가 없어서 옛 모습을 거의 그대로 유지하고 있어. 그래서 과학자들은 소행성을 연구하면 태양계 초기의 환경을 알 수 있을 거라 생각해. 소행성이 태양계의 비밀을 간직하고 있는 셈이지.

 신기하게도 이런 소행성은 대부분 화성과 목성 사이에 모여서 태양 주위를 돌고 있어. 이렇게 소행성이 모여 있는 지역을 '소행성대'라고 부른단다.

왜 이곳에 소행성이 모여 있냐고? 대부분의 소행성은 행성과 충돌하며 하나가 됐어. 남아 있던 소행성들은 목성과 다른 천체들의 움직임에 의해 만유인력에 변화가 생기면서 조금씩 움직이다가 지금의 자리에 모이게 된 거야.

닮은 듯 다른 유성과 혜성

어두운 곳에서 밤하늘을 올려다보면 가끔씩 검은 종이에 선을 긋는 듯한 밝은 빛줄기를 볼 수 있어. 잠시 나타난 그 선은 금세 사라지지. 흔히 '별똥별'이라고도 부르는 유성이야. 또 아주 가끔은 밤하늘에 전에 없던 별이 나타났다가 얼마 후 사라지기도 하는데, 이 별은 마치 꼬리를 달고 있는 것처럼 보이지. 바로 혜성이야.

신라 때 조상들도 유성과 혜성을 관찰했어. 특히 혜성은 잠시 다녀가는 손님 같은 별이라고 생각해 손님을 뜻하는 한자 '객(客)'을 써서 '객성'이라고 불렀지. 조상들에게 혜성은 소가족인 태양계를 방문한 손님 별이었던 셈이야.

조상들은 유성과 혜성이 정확히 무엇인지 몰랐지만, 지금 우리는 어떻게 나타나는 현상인지 알아. 특히 혜성은 태양계를 방문한 손님이 아닌, 태양계 가족의 일원이라는 것도 알지.

우아, 저기 좀 봐! 유성과 혜성이야!

정확히 말하면 유성은 천체가 아니라, 지구에서 일어나는 현상이야. 태양계를 떠돌던 얼음이나 먼지, 암석 같은 입자들이 지구의 중력(지구가 물체를 끌어당기는 힘)에 이끌려 대기 안으로 들어오다가 대기와 충돌해 불타는 현상이 바로 유성이야. 밝은 빛으로 선을 긋는 듯한 건 우주의 티끌이 불타 없어지는 모습인 거지.

혜성은 태양계의 가장 끝자락인 카이퍼 벨트와 오르트 구름에서 태양계 안쪽으로 날아오는 천체야. 주로 얼음과 먼지로 이루어져 있는데, 지구 쪽으로 날아오면서 태양 빛에 의해 얼음이 녹게 돼. 꼭 꼬리처럼 보이는 것은 혜성의 얼음이 녹아 흩뿌려지며 태양 빛을 반사해 빛나는 모습이지.

더 알아보기

태양계 8개 행성의 특징

수성

위치 태양에 가장 가까이 있는 행성이야.

상대적인 크기 지구의 반지름을 1로 보았을 때 0.4로, 지구보다 작아.

상대적인 거리 태양에서 지구까지의 거리를 1로 보았을 때 0.4로, 태양에서 0.4만큼 떨어져 있어.

특징 수성은 태양계 행성 중에 가장 작아. 낮에는 약 400도가 넘고, 밤에는 영하 180도 정도까지 떨어지며 온도 변화가 무척 심하지. 수성에는 대기가 거의 없어서 우주에서 날아오는 암석 조각을 그대로 맞아 표면이 울퉁불퉁해. 아무래도 사람이 살긴 힘들겠지?

금성

위치 태양에 2번째로 가까운 행성이야.

상대적인 크기 지구의 반지름을 1로 보았을 때 0.9로, 지구보다 작아.

상대적인 거리 태양에서 지구까지의 거리를 1로 보았을 때 0.7로, 태양에서 0.7만큼 떨어져 있어.

특징 금성과 지구는 크기와 질량이 비슷해서 꼭 쌍둥이처럼 보여. 하지만 금성의 표면은 금속을 녹일 만큼 뜨겁고, 표면 기압은 지구보다 약 90배 높아. 그래서 지구에서 탐사선을 보내면 금방 녹거나 으스러져 오래 버티지 못한다고 해.

지구

위치 태양으로부터 3번째 행성이야.

실제 크기 지구의 둘레는 약 4만 킬로미터라고 해.

태양과의 거리 태양과 지구는 약 1억 5천만 킬로미터 떨어져 있어.

특징 지구는 정말 특별한 행성이야. 태양과 너무 멀지도, 가깝지도 않아 물이 고체, 액체, 기체 상태로 존재할 수 있는 표면 온도를 가졌거든. 또 지구의 대기에는 산소가 있어서 생명체가 숨 쉬며 살아갈 수 있어. 왜 지구가 특별한 행성인지 알겠지?

화성

위치 태양으로부터 4번째 행성이야.

상대적인 크기 지구의 반지름을 1로 보았을 때 0.5로, 지구보다 작아.

상대적인 거리 태양에서 지구까지의 거리를 1로 보았을 때 1.5로, 태양에서 1.5만큼 떨어져 있어.

특징 화성은 불그스름해서 무척 뜨거울 것 같지만, 평균 온도가 영하 60도쯤 된다고 해. 물과 대기가 부족하긴 하지만 화성은 지구와 꽤 비슷한 환경을 가졌어. 그래서 많은 과학자들이 화성에도 생물이 살고 있는 건 아닌지 연구하고 있어.

위치 태양으로부터 5번째 행성이야.

상대적인 크기 지구의 반지름을 1로 보았을 때 11.2로, 지구보다 커.

상대적인 거리 태양에서 지구까지의 거리를 1로 보았을 때 5.2로, 태양에서 5.2만큼 떨어져 있어.

특징 목성은 태양계 행성 중에 가장 커. 지구보다 무려 1300배 정도 크다고 해. 목성은 딱딱한 표면 없이 기체(가스)로 이루어져 있어. 가스들이 뭉쳐 빠르게 돌고 있는 커다란 '가스 공'과도 같지. 기체를 어떻게 눈으로 볼 수 있는 거냐고? 우리가 보는 목성은 목성을 둘러싸고 있는 구름이야. 정말 신기하지?

목성

위치 태양으로부터 6번째 행성이야.

상대적인 크기 지구의 반지름을 1로 보았을 때 9.4로, 지구보다 커.

상대적인 거리 태양에서 지구까지의 거리를 1로 보았을 때 9.6으로, 태양에서 9.6만큼 떨어져 있어.

특징 토성은 목성처럼 기체로 이루어진 행성이야. 토성은 태양계 행성 중 유일하게 물보다도 밀도가 낮아. 만약 토성이 들어갈 수 있는 커다란 수영장이 있다면 토성은 물에 둥둥 뜰 거야. 또 토성은 위성이 가장 많은 행성이야. 약 82개의 위성을 거느리고 있지.

토성

천왕성

위치 태양으로부터 7번째 행성이야.

상대적인 크기 지구의 반지름을 1로 보았을 때 4.0으로, 지구보다 커.

상대적인 거리 태양에서 지구까지의 거리를 1로 보았을 때 19.1로, 태양에서 19.1만큼 떨어져 있어.

특징 천왕성은 거대한 얼음 행성으로, 태양계 행성 중 가장 추워. 대기 온도가 영하 224도까지 떨어진다고 해. 천왕성은 지구보다 19배나 멀리 떨어진 곳에서 태양 주위를 돌고 있어. 천왕성은 태양을 한 차례 도는 데 무려 84년이나 걸리지.

해왕성

위치 태양으로부터 8번째 행성이야.

상대적인 크기 지구의 반지름을 1로 보았을 때 3.9로, 지구보다 커.

상대적인 거리 태양에서 지구까지의 거리를 1로 보았을 때 30.0으로, 태양에서 30.0만큼 떨어져 있어.

특징 해왕성은 태양계 행성 중 가장 바깥쪽에 있어. 천왕성과 비슷한 점이 많은 얼음 행성인데, 해왕성은 천왕성과 달리 대기 활동이 무척 활발해. 해왕성은 태양계에서 바람이 가장 많이 부는 곳으로도 알려져 있어. 지구에서 부는 바람과는 비교도 되지 않게 센 강풍이 불지.

★ 도전! 퀴즈 왕

1. 태양계를 이루고 있는 구성원에 대한 설명이에요. 글을 잘 읽고 괄호 안의 단어 중 맞는 것에 동그라미 치세요.

① 태양처럼 스스로 빛을 내는 천체를 (항성, 행성)이라고 해요. 흔히 '별'이라고도 부르지요.

② (유성, 위성)은 행성 주위를 돌고 있는 천체를 말해요. 지구의 주위를 빙빙 도는 달이 여기에 속해요.

③ 태양 주위를 도는 암석 덩어리를 (소행성, 약행성)이라고 해요. 태양계가 생겨날 때 태어난 작은 천체들이 행성에 합쳐지지 않고 남아 있는 거예요.

④ (별똥별, 혜성)은 태양계의 가장 끝자락인 카이퍼 벨트와 오르트 구름에서 태양계 안쪽으로 날아오는 천체예요. 주로 얼음과 먼지로 이루어져 있어요.

2. 아래 상자의 글을 잘 읽고 빈칸에 알맞은 단어를 써 보세요.

> 태양계 행성은 태양 주위를 도는 8개의 둥근 천체예요. 태양에 가까운 순서대로 수성, ① _____, 지구, ② _____, 목성, ③ _____, 천왕성, ④ _____ 이 있어요.

3. 지구형 행성과 목성형 행성에 대한 설명으로 맞으면 O, 틀리면 X 표시 하세요.

- 지구형 행성과 목성형 행성은 구성 성분이 서로 달라요. (   )
- 지구형 행성은 대부분 단단한 암석으로, 목성형 행성은 기체와 얼음으로 이루어져 있어요. (   )
- 지구형 행성은 상대적으로 크고, 목성형 행성은 작아요. (   )
- 지구형 행성은 모두 고리가 있지만, 목성형 행성은 모두 고리가 없어요. (   )

4. 아래 상자의 글을 읽고 무엇에 대한 설명인지 쓰세요.

- 둘 이상의 물체가 있을 때 서로를 잡아당기는 힘을 말해요.
- 무거운 물체일수록, 서로 가까이 있을수록 더 센 힘으로 잡아당겨요.
- 지구보다 질량이 작은 달이 지구 주위를 빙빙 도는 것은 바로 이것 때문이에요.

질문 있어요!

밤하늘에 빛나는 별은 태양계 천체가 아닌가요?

밤하늘에 보이는 모든 천체가 태양계에 속한 것은 아니야. 밤하늘에 반짝이는 천체는 항성(별)과 행성, 위성, 소행성, 혜성 등인데, 대부분은 별이야. 우리가 이미 알고 있는 것처럼 태양계에서의 별은 태양, 단 한 개뿐이야. 그 외 별들은 태양계 너머에 있는 것들이지. 가까워 보이지만 사실 별과 별 사이는 태양과 행성들 사이의 거리와 비교할 수 없을 정도로 멀리 떨어져 있어. 태양에서 지구까지 빛의 속도로 날아가면 약 8분 20초 정도밖에 걸리지 않지만, 태양에서 가장 가까운 별도 빛의 속도로 4년 넘게 날아가야 다다를 수 있거든.

이런 별들이 모여서 '은하'를 이루고, 은하들이 모여서 '은하단'을 이루고 있지. 태양이 속한 우리은하에만 약 1000~4000억 개의 별이 모여 있다고 하니 우주에 얼마나 많은 별이 있을지 상상조차 하기 어려워. 우리가 '별자리'라고 부르는 건 하늘에 보이는 별들을 연결해 동물이나 사물, 사람의 모양을 나타낸 거야. 별자리를 이루는 별들은 서로 가까이 있을 거라 생각하지만 사실은 아주 멀리 떨어져 있는 별들이지.

태양처럼 우주의 많은 별들이 자신의 주위를 도는 행성들을 거느리고 있어. 과학자들은 이런 태양계 밖 외계 행성계를 새로 찾아내고 관찰하면서, 지구처럼 생명체가 살 수 있는 곳이 있는지 연구하고 있지.

③ 태양계는 쉬지 않고 움직여!

태양계 천체의 운동

정말 지구가 태양계의 중심일까?

지금은 누구나 지구를 비롯한 태양계 천체들이 태양 주위를 돈다는 걸 알아. 하지만 옛날 사람들은 지구가 태양계의 중심이며, 태양과 달 등의 천체가 지구 주위를 돈다고 생각했어. 이러한 생각이 바로 **천동설**이야.

조상들은 나름대로 근거를 가지고 그런 믿음을 가지게 됐어. 하루 동안 하늘에서 태양이 움직이는 모습을 관찰해 봐. 동쪽 지평선에서 떠올라 점차 높아지다가, 남쪽 하늘을 지나 서쪽 지평선으로 사라지는 모습을 볼 수 있어. 이렇게 다른 천체들이 지구 주변을 돌고 있는 거라고 생각한 거야.

또 다른 근거도 있어. 지구가 태양 주위를 도는 거라면 밤하늘에 보이는 별들 사이의 위치가 계절에 따라 달라져야 하는데 그렇지 않았던 거야.

지금 팔을 뻗어 엄지만 편 채로 양쪽 눈을 번갈아 감아 봐. 왼쪽 눈을 떴을 때와 오른쪽 눈을 떴을 때 손가락 끝이 가리키는 위치가 달라 보이지? 자, 양쪽 눈의 위치처럼 지구의 위치가 바뀐다고 생각하면, 같은 별(엄지)을 바라봤을 때 주변 별(손가락 주위 물건들)과의 위치가 다르게 보여야 하거든.

실제로 지구의 위치에 따라 별들 사이의 위치는 조금씩 달라 보여. 하지만 당시에는 그런 차이를 발견할 수 없었어. 훗날 관측 기술이 발전한 뒤에야 그 작은 차이를 확인할 수 있었지.

사실은 지구가 태양 주위를 돌아!

　망원경이라는 관측 도구가 발명되자 과학자들은 이전에는 몰랐던 우주의 새로운 모습을 볼 수 있었어. 특히 이탈리아의 과학자 **갈릴레오 갈릴레이**가 망원경의 성능을 향상시킨 것이 결정적인 계기였지.

　갈릴레오 갈릴레이는 자신이 만든 망원경으로 금성을 관측하면서 놀라운 발견을 했어. 금성의 모습이 주기적으로 변했던 거야. 마치 달이 반달, 초승달, 보름달 등 여러 모습으로 변하는 것처럼 말이야. 특히 보름달처럼 둥근 금성의 모습은 천동설로는 설명할 수 없는 현상이었어. 천동설에 따르면 금성은 태양과 지구 사이에 있기 때문에, 우리 눈에 둥근 모양으로 보이는 게 불가능하거든.

　갈릴레이는 이를 근거로 지구가 태양 주위를 돈다는 **지동설**을 주장했어. 하지만 사람들이 천동설이 아닌 지동설을 받아들이기까지는 많은 시간과 과학자들의 노력이 필요했어.

조상들이 천동설의 근거라고 생각했던 계절에 따라 변치 않는 별의 위치도 사실은 틀린 것으로 밝혀졌어. 망원경을 통해, 지구의 위치에 따라서 별들 사이의 위치가 조금씩 달라 보인다는 것을 확인한 거야. 그밖에도 망원경으로 발견한 수많은 증거 덕분에 지금은 누구나 지구가 태양 주위를 돈다는 걸 알고 있어.

태양계 천체들의 공전과 자전

　지구가 태양 주위를 도는 것처럼 어떤 천체가 다른 천체의 영향을 받아 한 지점을 중심으로 도는 것을 **공전**이라고 해. 지구는 태양을 중심으로 일 년에 한 바퀴씩 서쪽에서 동쪽(시계 반대 방향)으로 공전하지.

　'태양이 지구 주위를 공전한다.'는 조상들의 생각은 틀린 것으로 밝혀졌지만, '지구 주위'라는 말만 빼면 맞는 말이라고 할 수 있어. 무슨 알쏭달쏭한 말이냐고? 태양은 지구 주위를 도는 게 아니라, 우리은하의 중심을 기준으로 공전하고 있거든.

우리은하는 태양계가 속해 있는 별들의 집단을 말해. 우리은하에는 수천 억 개의 별들이 나선 모양을 이루고 있어. 태양은 여러 나선 중 하나의 바깥쪽 부분에 자리 잡은 채로 우리은하의 중심부 주위를 돌고 있어. 마치 지구가 태양 주위를 돌고 있는 것처럼 말이야.

흥미로운 사실은 천체는 다른 천체 주위를 돌 뿐 아니라, 스스로 돌기도 한다는 거야. 마치 팽이처럼 말이야! 이렇게 천체가 고정된 축을 중심으로 스스로 도는 것을 **자전**이라고 해. 지구는 자전축을 중심으로 하루에 한 바퀴씩 서쪽에서 동쪽(시계 반대 방향)으로 자전하고 있어. **자전축**은 지구의 북극과 남극을 이은 가상의 직선이야. 지구가 자전하기 위한 중심이지.

태양은 약 28일 동안 제자리에서 한 바퀴씩 자전하고 있어. 태양이 태어날 때 가스가 뭉치면서 빙글빙글 돌기 시작했는데, 그 운동이 멈추지 않고 지금까지 계속 이어져 오고 있는 거야. 태양과 지구를 비롯한 태양계 구성원들은 이렇게 쉬지 않고 회전해. 지구는 일정한 속도로 돌고 있고, 그 안에 있는 우리도 함께 돌고 있기 때문에 익숙해져서 움직임을 느끼지 못할 뿐이야.

지구 주위를 빙글빙글 도는 달

태양계에 대한 조상들의 지식과 현재 우리의 지식에서 공통점이 있다면, 달이 지구 주위를 공전한다는 사실을 알고 있다는 거야. 그런데 달은 어떻게 지구 주위를 돌면서 지금까지 지구와 함께해 온 걸까?

앞서 이야기한 것처럼 달은 지구 주변을 지나던 화성만 한 크기의 천체가 지구와 충돌한 뒤에 만들어졌어. 충돌하면서 두 천체가 일부는 합쳐지고 일부는 떨어져 나왔는데, 그 파편들이 뭉쳐서 달이 된 거야. 달은 지구 밖으로 멀어져 갈 수도 있었지만, 지구와 달 사이에 서로 잡아당기는 힘에 의해 멀리 날아가지 않고 지구 주위를 빙글빙글 돌게 됐지.

달은 약 27일 동안 서쪽에서 동쪽(시계 반대 방향)으로 지구 주위를 한 바퀴씩 돌고 있어. 그리고 같은 기간 동안 스스로 한 바퀴 회전하는 자전 운동을 하고 있지. 그러니까 달은 지구를 한 바퀴 도는 동안 스스로도 한 바퀴씩 도는 거야. 이런 이유로 지구에서는 항상 달의 같은 면만 보게 돼.

달이 언제까지나 지금과 똑같은 상태로 지구 주위를 도는 건 아냐. 달은 지구에서 매년 약 3.8센티미터씩 멀어지면서 점차 빠른 속도로 회전하고 있어. 그리고 과학자들은 약 15억 년이 흐른 뒤에는 달이 더 이상 지구 주위를 돌지 않고 지구 밖으로 날아갈 거라고 생각하지. 정말 그런 일이 벌어지게 될까?

천체들이 서로를 잡아당긴다고?

 지구가 태양 주위를 공전하고, 달이 지구 주위를 공전하면서 매일매일 큰 변화 없이 태양계가 유지되는 모습이 신기하다고? 어떻게 이렇게 큰 천체들이 빙글빙글 도는데 태양계 밖으로 튕겨 나가지 않을 수 있는 걸까?

 비밀은 벗어나려는 힘과 잡아당기는 힘이 이루는 균형에 있어. 부모님과 서로 줄을 잡은 뒤 부모님은 서 계시고, 나는 부모님 주위를 원을 그리며 빙글빙글 돈다고 상상해 봐. 처음에는 걷다가 점점 속도를 높여 달리기 시작하면 어떻게 될까? 만약 줄이 없다면 원 궤도(만유인력의 영향을 받아 물체가 운동하는 길)로 돌지 못하고 바깥으로 벗어나거나 넘어지게 될 거야.

 빠르게 달릴수록 바깥 방향으로 점점 큰 힘을 받는데, 줄이 그 힘을 지탱해 줘. 태양과 지구, 지구와 달 사이에서 서로 잡아당기는 힘인 만유인력이 바로 줄과 같은 역할을 해. 지구가 태양을, 달이 지구를 벗어나려는 힘과 만유인력이 같은 크기로 작용해서 태양계 천체의 운동이 안정적으로 유지되는 거야.

만약 천체들이 움직임을 멈춘다면?

　태양계 천체들은 왜 꼭 돌아야만 할까? 제자리를 지키면서 그대로 멈춰 있으면 안 되는 걸까?

　만약 태양이 돌지 않았다면 지금의 태양계는 태어나지 않았을지도 몰라. 가스가 뭉치고 회전하면서 태양이 만들어졌고, 태양 주위의 물질들도 함께 돌면서 행성이 만들어졌거든.

　또 지구가 태양 주위를 공전하지 않고 멈춰 있다고 생각해 봐. 그러면 아마 지구는 만유인력 때문에 태양에 빨려 들어가 버렸을 거야. 지구가 돌면서 생긴 태양을 벗어나려는 힘과, 태

양과 지구 사이의 만유인력이 균형을 이뤘기 때문에 태양 속으로 들어가지 않고 남아 있을 수 있는 거지.

지구가 공전과 자전을 모두 하지 않는다면 또 어떻게 될까? 아마 태양 빛을 받는 쪽은 낮이 계속되고, 받지 못한 쪽은 영원히 밤일 거야. 그리고 태양을 바라보는 쪽은 엄청나게 뜨거워서 생물들이 살 수 없을 거고, 반대쪽은 너무나 추워서 생물이 살지 못하게 되겠지.

이처럼 태양계 천체의 운동은 태양계를 유지하고, 우리가 살아갈 수 있는 환경을 마련해 줘. 천체들의 운동은 없어서는 안 될 아주 중요한 요소야.

이쪽은 태양 빛을 받지 못하니 으슬으슬 너무 춥고 어두워.

더 알아보기

돌긴 도는데, 이상하게 도는 행성이 있다고?

지구를 비롯한 태양계 행성과 행성의 위성들은 태양 주위를 도는 공전 운동을 해. 동시에 팽이처럼 회전하는 자전 운동도 하지. 그런데 태양계 행성 중에는 아주 특이하게 자전하는 행성이 있어. 바로 천왕성이야.

천왕성은 다른 행성들과 다르게, 회전하는 축이 태양을 가리키고 있어. 공전하는 궤도를 바닥이라고 생각해 보면, 다른 행성들은 자전축이 바닥에 꽂혀 있는데, 천왕성은 그렇지 않고 자전축이 바닥과 수평이 되게 누워서 마치 굴러가는 것처럼 돌고 있는 거야.

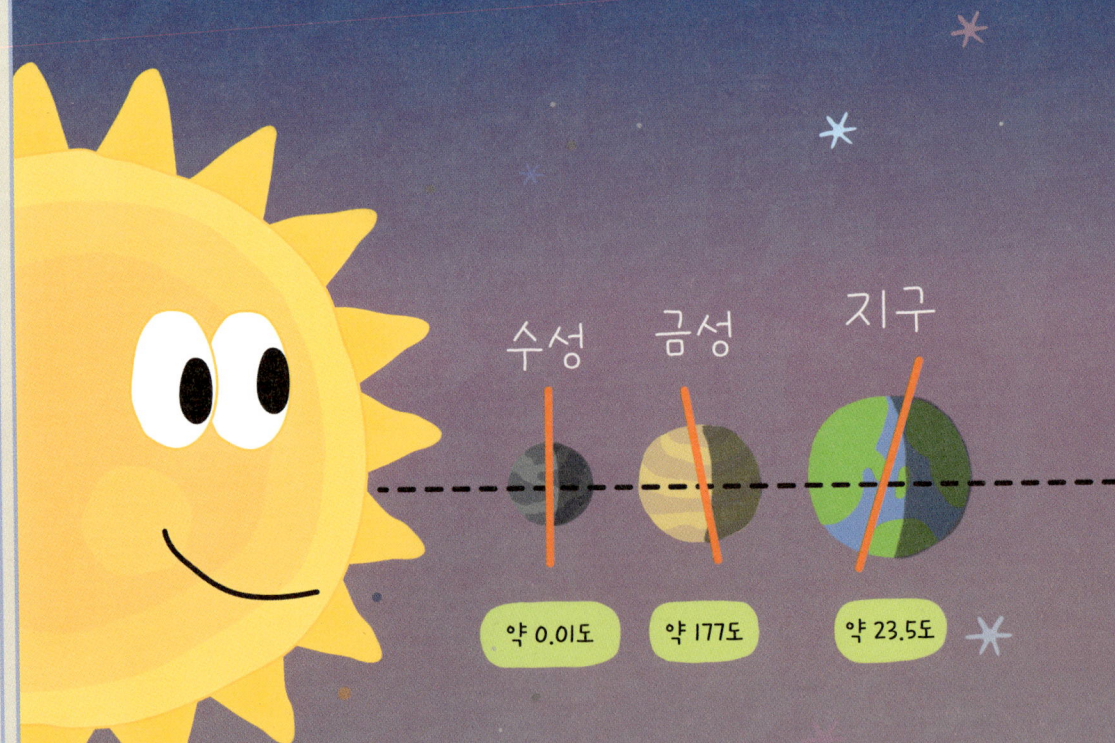

수성 약 0.01도 / 금성 약 177도 / 지구 약 23.5도

그 이유가 뭘까? 아직까지는 추측할 뿐이지만, 과학자들은 천왕성이 거대한 천체와 충돌하면서 자전축이 기울어졌을 거라고 생각하고 있어. 지구가 화성과 비슷한 크기의 천체와 충돌해서 자전축이 기울어지고, 달이 만들어진 것처럼 말이야.

천왕성에는 또 다른 특징이 있는데, 바로 태양으로부터 더 멀리 떨어진 해왕성보다 평균 온도가 더 낮다는 거야. 태양 빛을 더 적게 받는 해왕성보다 춥다니, 상식적으로 잘 이해되지 않는 일이지. 명확히 밝혀지진 않았지만 일부 과학자들은 그 이유도 천왕성이 거대 천체와 충돌했기 때문이라고 생각하고 있어. 충돌 후 자전축이 크게 기울어졌을 뿐 아니라 중심부의 열도 우주로 빠져나갔기 때문이라는 거야.

천왕성은 이렇게 크게 기울어져 도는 탓에 한쪽 면은 계속 태양을 향하고, 반대쪽 면은 태양을 볼 수 없어. 천왕성이 태양을 한 차례 도는 데 약 84년이 걸리니까 천왕성의 남극이나 북극은 42년 동안은 낮이고, 다음 42년 동안은 밤인 셈이야.

도전! 퀴즈 왕

1. 아래 상자의 글을 잘 읽고 '천동설'과 '지동설' 중 알맞은 것을 써 보세요.

> 옛날 사람들은 지구가 태양계의 중심이며, 태양과 달 등의 천체가 지구 주위를 돈다고 생각했어요. 이러한 생각이 바로 ① _____ 이에요. 훗날 갈릴 레오 갈릴레이라는 과학자가 망원경의 성능을 향상시키면서, 지구가 태양 주위를 돈다는 ② _____ 을 주장했어요. 지금은 누구나 지구를 비롯한 태양계 천체들이 태양 주위를 돈다는 걸 알아요.

2. 달에 대한 설명으로 틀린 것을 고르세요.

① 달은 서쪽에서 동쪽(시계 반대 방향)으로 지구 주위를 공전해요.

② 달의 공전 주기는 약 27일이고, 자전 주기는 약 90일이에요.

③ 지구에서는 항상 달의 같은 면만 보여요.

④ 지구와 달 사이에는 서로 잡아당기는 힘이 있어요.

3. 왼쪽 설명에 맞는 단어를 찾아 줄을 그어 보세요.

① 어떤 천체가 다른 천체의 영향을 받아 한 지점을 중심으로 도는 것을 말해요.

② 천체가 고정된 축을 중심으로 스스로 도는 것을 가리켜요.

③ 지구의 북극과 남극을 이은 가상의 직선이에요. 지구가 자전하기 위한 중심이지요.

④ 태양계가 속해 있는 별들의 집단이에요. 태양은 이것의 중심부 주위를 돌고 있어요.

㉠ 우리은하

㉡ 공전

㉢ 자전

㉣ 자전축

4. 아래 상자의 글을 읽고 '이것'이 무엇인지 쓰세요.

- '이것'은 태양계의 행성 중 하나예요.
- '이것'은 태양으로부터 더 멀리 떨어진 해왕성보다 평균 온도가 낮아요. 태양계 행성 중 가장 추운 곳이에요.
- 다른 행성들은 자전축이 바닥에 꽂힌 모습이라면 '이것'의 자전축은 약 98도 기울어 바닥과 수평이 되게 누워 있어요. 그래서 마치 굴러가듯이 돌아요.

정답 1.①공전②자전 2.② 3.①-㉡ ②-㉢ ③-㉣ ④-㉠ 4.천왕성

> 질문 있어요!

 **태양계는 영원히 지금과 같은 모습으로 돌까요?**

태양계에 있는 거의 모든 천체는 도는 운동을 하고 있어. 어떤 천체는 공전과 자전을, 어떤 천체는 공전만 하고 있는데, 일부 혜성을 제외한 천체들은 도는 운동을 끊임없이 반복하지. 태양계는 수십 억 년 동안 이런 모습을 유지해 왔어.

하지만 현재와 같은 모습이 앞으로도 영원히 지속되지는 않아. 지구만 봐도 그래. 앞서 이야기한 것처럼 달은 일 년에 약 3.8센티미터씩 지구 밖으로 멀어져 가고 있고, 약 15억 년 뒤면 지구 곁을 떠날 가능성이 높아. 그렇게 되면 아마 태양계에 엄청나게 큰 변화가 몰아닥칠 거야. 달이 지구를 떠나면 지구의 위치와 움직임에도 큰 영향을 미칠 테니까 말이야.

그보다 더 큰 변화는, 아주 먼 미래에는 태양의 수명이 끝난다는 거야. 태양이 수명을 다하면 크게 부풀어 오르게 되는데, 과학자들은 이때 수성과 금성 같은 천체들이 파괴될 거라고 예상하고 있어. 태양계의 모습이 지금과는 크게 달라질 뿐 아니라, 지구에서는 더 이상 생명체가 존재할 수 없게 될 거야. 물론 앞으로도 수십 억 년 뒤에나 일어날 일이지만, 태양계가 현재와 같은 모습으로 영원히 지속되지는 않는다는 걸 꼭 기억해야 해.

④ 태양계와 지구가 연결되어 있다고?

천체의 운동이 만든 자연 현상

지구가 돌며 낮과 밤을 만들어!

지구는 하루에 한 바퀴씩 자전 운동을 해. 낮과 밤이 생기는 까닭은 바로 지구의 자전 때문이야. 지구가 회전하다가 우리가 사는 대한민국이 태양을 바라보면 밝은 낮이 되고, 달을 바라보면 달과 별이 뜨는 어두운 밤이 되는 거야. 이처럼 지구에서 우리가 경험하는 현상들은 지구와 태양, 달의 움직임과 관련이 있어. 천체들이 서로 밀접하게 연결되었다고 할 수 있지.

지구는 쉼 없이 회전하기 때문에 낮과 밤은 하루도 빠짐없이 나타나. 그러다 가끔, 몇 년에 한 번씩 특별한 현상이 생기지.

바로 태양과 달이 잠시 동안 어두워지거나 사라지는 '일식'과 '월식'이야. 옛날 사람들은 갑자기 이런 현상이 나타나면 크게 놀라고 당황했어. 신이 화를 내는 거라고 생각하기도 했지.

하지만 사실 일식과 월식은 지구와 달이 태양 주위를 돌면서 일어나는 아주 자연스러운 현상이야. 자주 일어나지 않기 때문에 발생할 때마다 조상들을 깜짝 놀라게 했던 것일 뿐이지. 조상들이 그 원리를 알았다면 전혀 두려워하지 않고, 지금 우리가 일식과 월식을 우주 쇼로 여기는 것처럼 즐겼을 거야.

달이 태양을 사라지게 한다고?

지구에서 보았을 때 달이 태양을 가리는 현상을 **일식**이라고 해. 일식은 어떻게 생기는 거냐고? 그건 지구와 태양, 달의 위치를 따져 보면 쉽게 알 수 있어.

지구가 태양 주위를 공전하는 동안 달도 지구 주위를 공전해. 지구와 달은 공전하면서, 스스로 회전하는 자전도 하지. 우리가 사는 대한민국이 태양을 바라보는 낮이 되었다고 생각해 봐. 그때 우연히 달이 지구와 태양 사이에 놓이면 어떻게 될까?

그건 마치 텔레비전을 보고 있는데 동생이 내 앞을 가로막고 있는 것과 같은 상황이야. 그렇게 되면 텔레비전을 제대로 볼 수 없는 것처럼, 달이 태양을 가리면 우리도 태양을 볼 수 없게 돼. 그게 바로 일식이야! 태양, 달, 지구의 순서대로 일렬로 늘어서면 일식이 일어나지.

일식은 개기 일식, 부분 일식, 금환 일식으로 나눌 수 있어. **개기 일식**은 달이 태양을 완전히 가리는 현상이고, **부분 일식**은 마치 초승달처럼 달이 태양의 일부만 가리는 현상을 말해.

개기 일식   부분 일식   금환 일식

금환 일식은 달이 태양을 다 가리지 못해 태양의 가장자리만 남기고 가리는 현상이야. 꼭 반지 모양처럼 생겼지?

일식이 일어나면 지구가 태양 빛을 적게 받기 때문에 일시적으로 온도가 떨어져. 빛이 사라져 놀란 동물들이 울부짖기도 하지. 어쩌면 조상들은 이런 현상 때문에 일식을 하늘의 경고로 생각했던 건지도 몰라.

지구 그림자 때문에 붉은색 달이 뜬다고?

그럼 월식은 어떻게 생기는 걸까? **월식**은 지구에서 보았을 때 달이 지구 그림자에 가려져서 어두워지는 현상을 말해. 월식은 일식과는 다르게 태양, 지구, 달의 순서대로 일렬로 늘어서 있을 때 나타나.

이번에는 그림자놀이를 생각하면 쉽게 이해할 수 있어. 그림자는 물체가 빛을 가로막고 있기 때문에 생기잖아? 그것처럼 지구가 태양 빛을 가로막고 있는 동안 지구의 그림자가 생겨. 우리가 사는 대한민국이 태양을 보지 못하는 한밤중이 됐다고 생각해 봐. 이때는 우리가 밤에 가로등을 등지고 서 있는 것과 같은 상황이야. 우리 몸의 그림자를 우리가 볼 수 있지.

바로 그때 지나가던 고양이 한 마리가 내 그림자 안으로 쏙 들어온다면 어떨까? 가로등 빛을 받아서 잘 보이던 고양이가 갑자기 안 보이게 되겠지? 이처럼 달이 지구의 그림자 속으로 들어오게 되면, 일시적으로 달이 보이지 않는 월식이 일어나.

월식은 크게 개기 월식과 부분 월식으로 나뉘어. **개기 월식**은 지구의 그림자가 달 전체를 가리는 현상이고, **부분 월식**은 지구의 그림자에 달 일부가 가려지는 현상이야. 개기 월식 땐 개기 일식과 달리, 달이 완전히 보이지 않는 것이 아니라 평소와는 다른 붉은색을 띠게 돼. 지구의 대기를 통과하던 태양 빛의 일부가 달에 닿기 때문이야. 어쩌면 조상들은 붉은색 달을 무서워한 게 아닐까?

계절의 변화가 생기는 이유

 태양계 천체들은 서로 밀접한 관련을 맺으며 돌고 있어. 낮과 밤, 일식과 월식뿐 아니라 계절의 변화도 태양과 지구의 움직임에 의해 생기는 현상이야. 우리나라의 봄, 여름, 가을, 겨울을 만드는 게 지구와 태양이라니, 도대체 무슨 얘기냐고?

 지구는 태양 주위를 공전하는 동안 약 23.5도 기울어진 채로 자전해. 팽이에 비유하면, 똑바로 서서 도는 게 아니라 비스듬하게 누워서 도는 거야. 그러다 보니 지구의 위치에 따라 태양 빛을 받는 시간과 양이 달라져. 어떤 지역에서는 해가 일찍 떠서 높이 솟아오르다 느지막하니 져. 태양 빛이 비추는 시간이 길지. 반면 어떤 지역에서는 해가 늦게 뜨고 낮게 떠오르다가 일찍이 져. 태양 빛이 비추는 시간이 짧지.

 이렇게 태양 빛을 많이 받는 지역은 여름이 되고, 많이 받지 못하는 지역은 겨울이 돼. 예를 들어 북쪽에 있는 대한민국이 여름일 때 남쪽에 있는 오스트레일리아는 겨울이야.

한마디로, 지구의 자전축이 기울어진 채로 태양 주위를 공전하기 때문에 계절의 변화가 생겨나. 만약 지구의 자전축이 수직이거나 지구가 태양 주위를 공전하지 않는다면 지금 같은 계절의 변화도 없을 거야!

달이 지구의 바다를 담겼다 놨다 해

 태양계가 서로 연결되어 있다는 증거는 또 있어. 밀물과 썰물에 의해 해수면의 높이가 하루에 두 번 높아졌다 낮아졌다 하는 **조석 현상**이 바로 그 예야.

 '밀물'은 바닷물이 육지 쪽으로 밀려와서 해수면이 높아지는 현상이고, '썰물'은 바닷물이 바다 쪽으로 빠져나가 해수면이 낮아지는 현상이야. 밀물로 해수면의 높이가 가장 높아진 때를 **만조**, 썰물로 해수면의 높이가 가장 낮아진 때를 **간조**라고 해. 만조와 간조 때 해수면의 높이 차이를 **조차**라고 하지.

 조석 현상은 달이 지구 주위를 공전하기 때문에 일어나. 달이 지구 주위 어느 쪽에 있는지에 따라서 지구의 각 지역에 작용

하는 만유인력의 크기와 방향이 달라지거든. 여기에 태양이 지구와 달에 미치는 만유인력과 지구와 달이 스스로 회전하면서 생기는 힘도 작용해.

태양, 지구, 달이 일렬로 늘어서면 달과 지구 사이에 작용하는 힘에 태양과 지구 사이에 작용하는 힘이 더해져서 바닷물을 달 쪽으로 잡아당기는 힘이 커져. 바닷물이 많이 들어왔다가 많이 빠져나가면서 조차가 매우 커지는데, 이때를 사리라고 해.

반대로 태양, 지구, 달이 직각으로 놓이면 이들 사이에 작용하는 만유인력이 분산돼서 바닷물을 잡아당기는 힘도 약해져. 이렇게 조차가 작아진 때를 조금이라고 해.

지구와 태양, 달이 서로 영향을 미치면서 지구의 바다를 당겼다 놨다 한다니, 정말 신기하지?

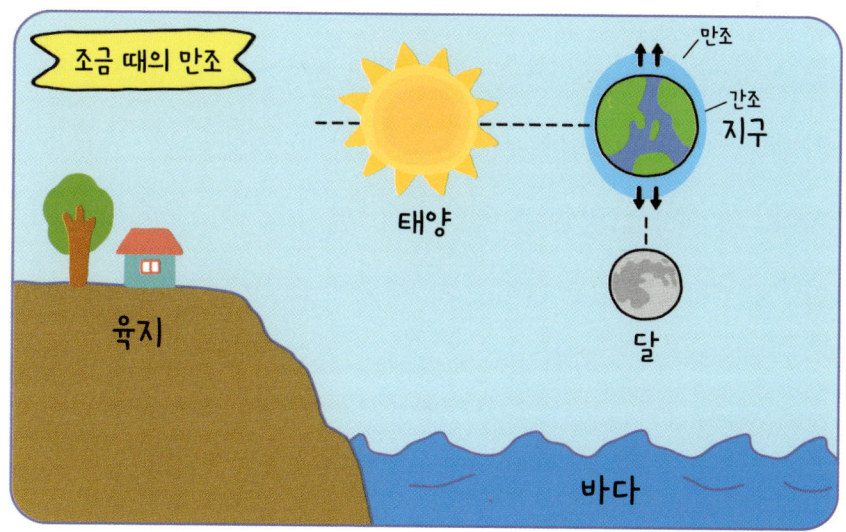

태양풍이 오로라를 만들어!

일식과 월식, 계절의 변화, 그리고 조석 현상이 생기는 이유는 태양, 지구, 달의 움직임이 서로 영향을 미치기 때문이었어. 그런데 그런 움직임과 관계없이 지구와 태양이 연결돼 있다는 걸 알려 주는 현상도 있어.

'오로라'라는 말 들어 봤니? **오로라**는 북극이나 남극 하늘에 마치 형형색색의 커튼이 드리운 것처럼 보이는 아름다운 현상을 말해. 많은 사람들이 오로라를 보기 위해 극지방으로 여행을 떠나기도 하지.

그런데 오로라는 사실 아름답기만 한 현상만은 아냐. 태양이 '콜록' 하고 기침을 해서 지구에 날아온 입자들이 만든 현상이라고 할 수 있거든.

무슨 말이냐고? 오로라는 태양에서 방출된 입자들이 지구의 자기장(지구의 자기력이 미치는 공간)에 부딪힐 때 생기는 현상이야. 태양에서 방출된 입자들은 전기를 띠고 있는데, 마치 바람처럼 빠른 속도로 날아오기 때문에 **태양풍**이라고 불러.

　태양풍이 지구에 부딪히면 인류 문명이 파괴될 정도로 큰 문제가 생기는데, 자기장이 방어막이 돼서 태양풍을 막아 주고 있어. 오로라는 강력한 태양풍이 지구 자기장의 문을 통해 지구에 들어와 대기와 반응하면서 생기는 현상인 거야.

　오로라가 크고 화려하다는 건 그만큼 강력한 태양풍이 발생했다는 걸 의미해. 심한 경우에는 일부 지역에서 전기가 끊기거나 통신이 마비되기도 하지. 그래서 과학자들은 심각한 피해가 생기지 않도록 태양과 오로라를 세심하게 관찰하고 있어.

유성은 혜성과 소행성이 남긴 똥이라고?

태양과 지구, 달뿐 아니라 다른 천체의 움직임도 지구에서 일어나는 자연 현상에 영향을 미쳐. 대표적인 현상 중 하나가 별똥별이라고도 불리는 '유성'이야.

유성은 마치 별이 떨어지는 것처럼 밤하늘에 잠시 동안 기다란 자취를 남기고 사라져. 앞서 유성은 천체가 아니라 지구에서 일어나는 현상이라고 했지? (43쪽을 참고해 줘.) 이런 현상이 생기는 이유는 혜성과 소행성이 우주 공간에 남긴 '똥' 때문이라고 할 수 있어. 갑자기 냄새나는 똥이 웬 말이냐고? 물론 진짜 똥은 아니고, 사람이 배설물을 배출하는 것처럼 혜성과 소행성에서 떨어져 나온 부스러기가 일으키는 현상이라는 점에서 그렇게 표현한 거야.

혜성과 소행성이 우주 공간을 이동하는 동안 먼지와 작은 얼음 알갱이, 암석 등이 떨어져 나와. 이 부스러기들이 우주 공간에 떠다니다 지구를 만나면 지구 대기권에서 불타 없어지게 돼. 이때 마치 별이 떨어지는 것처럼 밝고 긴 빛이 생기는데, 그게 바로 유성이야.

　유성은 과거 조상들도 관측했던 자연 현상이지만 당시에는 유성이 떨어지는 이유를 몰랐기 때문에 일식과 월식처럼 하늘의 뜻과 연결 지어 생각했어. 별똥별이 떨어질 때 소원을 빌면 이루어진다는 이야기는 아마 그런 이유로 생겨났을 거야. 낭만적인 생각이지만, 자연 현상의 원리를 제대로 몰랐기 때문에 생긴 잘못된 믿음이었던 거지.

더 알아보기

태양계와 온 우주가 연결돼 있다고?

태양계 천체들이 밀접한 관계를 맺고 있다는 것과 그로 인해 지구에서 다양한 자연 현상이 일어난다는 걸 이제 알겠지? 그런데 더 놀라운 사실이 있어. 바로 태양계와 온 우주가 밀접하게 연결돼 있다는 거야!

우리 조상들이 관찰했던 객성이라는 현상이 대표적인 예지. 객성은 앞에서 말했듯 손님 별이라는 뜻인데, 오늘날을 기준으로 보면 혜성, 초신성 등을 뜻해. **초신성**이란 태양계 밖 먼 곳에서, 한때는 태양처럼 밝게 빛났던 별이 수명을 다하고 폭발하면서 엄청나게 밝게 빛나는 현상을 말해. 초신성은 지구에서도 눈에 띄게 보일 정도로 밝게 빛나기 때문에 조상들에게는 일식이나 월식처럼 놀랄 만한 일이었어.

별이 폭발하고 난 뒤에는 잔해들이 우주 공간에 남게 되는데, 그 잔해 속에서 새로운 별이 생겨나기도 해. 우리 태양도 그런 과정을 거쳐 태어난 거야. 태양과 지구 같은 행성이 탄생하기 위해 꼭 필요한 현상을 지구에서 두 눈으로 관찰할 수 있는 거지.

초신성 외에도 공상 과학 영화의 단골 소재로 등장하는 **블랙홀** 같은 현상도 지구에 영향을 미쳐. 블랙홀은 빛까지 빨아들일 정도로 중력이 무척 강한 우주의 천체야. 암흑 그 자체인 블랙홀은 우리 눈에는 보이지 않지만, 과학자들은 여러 블랙홀이 충돌할 때 생기는 충격이 지구의 시간과 공간을 출렁이게 만든다는 걸 밝혀내기도 했어. 이처럼 지구와 태양계, 그리고 온 우주는 서로 연결돼 있고, 영향을 미치고 있어!

⭐ 도전! 퀴즈 왕

1. 아래 설명이 '일식', '월식' 중 무엇에 대한 설명인지 써 보세요.

- 지구에서 보았을 때 달이 태양을 가리는 현상이에요. (　　)
- 지구에서 보았을 때 달이 지구 그림자에 가려져서 어두워지는 현상을 말해요. (　　)
- 태양, 달, 지구의 순서대로 일렬로 늘어설 때 나타나요. (　　)
- 태양, 지구, 달의 순서대로 일렬로 늘어서 있을 때 나타나요. (　　)

2. 아래 글을 잘 읽고 괄호 안의 단어 중 맞는 것에 동그라미 치세요.

① 낮과 밤이 생기는 까닭은 지구의 (자전, 공전) 때문이에요. 지구가 회전하다가 우리가 사는 대한민국이 태양을 바라보면 밝은 낮이 되고, 달을 바라보면 달과 별이 뜨는 어두운 밤이 되지요.

② 계절의 변화는 지구의 (가름축, 자전축)이 기울어진 채로 태양 주위를 (자전, 공전)하기 때문에 나타나요. 만약 지구의 (가름축, 자전축)이 수직이거나 지구가 태양 주위를 (자전, 공전)하지 않는다면 지금 같은 계절의 변화도 없을 거예요.

3. 아래 글을 읽고, 무엇에 대한 설명인지 빈칸을 채워 보세요.

- 바닷물이 육지 쪽으로 밀려와서 해수면이 높아지는 현상을 '밀물'이라고 해요. 밀물로 해수면의 높이가 가장 높아진 때를 ① _____ 라고 해요.
- 바닷물이 바다 쪽으로 빠져나가 해수면이 낮아지는 현상을 '썰물'이라고 해요. 썰물로 해수면의 높이가 가장 낮아진 때를 ② _____ 라고 해요.

4. 아래 상자의 글을 읽고 '이것'이 무엇인지 쓰세요.

- '이것'은 태양에서 방출된 입자들이 지구의 자기장(지구의 자기력이 미치는 공간)에 부딪힐 때 생기는 현상이에요.
- 강력한 태양풍이 지구 자기장의 문을 통해 지구에 들어와 대기와 반응하면서 '이것'이 생겨요.

> 질문 있어요!

지구가 다른 천체와 충돌할 위험은 없나요?

지구가 태양계 천체로부터 받는 영향 중에는 무시무시한 위험도 있어. 바로 혜성이나 소행성 같은 작은 천체들과의 충돌 위험이지. 만약 지구가 유성보다 더 큰 물체를 만나게 되면, 그 물체는 지구 대기권에서 불타 없어지지 않고 지구의 땅이나 바다로 떨어지게 될 거야.

바다가 아닌 땅에 떨어질 경우 큰 사고가 생길 수 있어. 불덩어리처럼 뜨거운 물체가 빠르고 강하게 떨어진다면 당연히 위험하겠지? 과학자들은 아주 오래전 공룡들이 멸종한 이유가 지구와 소행성의 충돌 때문이라고 생각하고 있어. 지름이 약 17킬로미터쯤 되는 소행성이 지구와 충돌하면서 핵폭탄을 능가하는 엄청난 폭발이 생겼고, 먼지가 지구를 뒤덮으면서 기온이 급격하게 낮아져 공룡이 멸종했다고 보고 있지.

이처럼 소행성 충돌은 인류를 위험에 빠뜨릴 수 있기 때문에 과학자들은 최고의 성능을 가진 망원경을 이용해 지구로 접근하는 천체를 감시하고 있어. 그리고 만일에 대비해 우주선을 발사하거나 핵폭탄을 터뜨려 천체의 궤도를 바꾸는 방법을 연구하고 있어.

⑤ 태양계가 더 넓어지고 있다고?

태양계의 새 영역과 구성원

태양계의 끝은 어디일까?

　불과 조선 시대까지만 해도 조상들이 생각하는 태양계는 태양과 지구, 달, 그리고 수성과 금성, 화성, 목성, 토성 정도였어. 하지만 관측 기술이 발달하면서 태양계의 범위가 점차 확대됐지. 서양의 천문학자들이 성능 좋은 망원경을 이용해 1781년에 천왕성을 발견했고, 1846년에는 해왕성을, 그리고 1930년에는 명왕성을 발견했어. 그 결과 태양계는 태양과 9개의 행성, 그리고 각 행성이 거느린 위성, 소행성, 혜성으로 이뤄져 있다고 생각하게 됐지. 태양계의 행성은 8개 아니냐고? 그건 뒤에서 자세히 설명해 줄게.

　그런데 웬걸? 1992년에는 태양계 끝자락에 작은 천체들로 이뤄진 카이퍼 벨트라는 영역이 발견돼 태양계가 또 한번 확장됐어. 그리고 현재 천문학자들은 카이퍼 벨트 바깥에 오르트 구름이라는 또 다른 작은 천체 집단이 있을 거라고 추측하고 있지. 직접 관측한 것은 아니지만 오르트 구름의 존재를 거의 확실한 것으로 보고, 그 증거를 찾는 중이야.

오르트 구름의 존재가 확인된다면 태양계의 영역과 구성원은 더 확대될 거야. 이처럼 천문학과 관측 기술이 발전하면서 태양계의 영역은 끊임없이 확장되고 있어.

행성의 지위도 바뀔 수 있다고?

태양계를 이루고 있는 구성원의 지위도 계속 변하고 있어. 대표적인 사건이 바로 명왕성 강등 사건이야.

명왕성은 질량이 지구의 0.2퍼센트에 불과할 정도로 가볍고, 크기는 지구의 5분의 1도 안 되는 천체야. 해왕성보다 더 바깥쪽에 있어서 태양계에서 가장 멀리 있는 행성으로 인정받았지. 하지만 발견된 지 76년이 지난 2006년에 행성의 지위를 잃고 카이퍼 벨트 천체로 강등됐어.

그 이유는 1978년 명왕성 주위에서 '카론'이라는 천체를 발견한 뒤 명왕성에 대해 자세히 알아 갈수록 의문이 많아졌기 때문이야. 카론이 명왕성의 위성이라고 생각했지만, 명왕성 주위를 돈다기보다 우주 공간 위의 한 점을 중심으로 두 천체가 돌고 있는 것이었기 때문에 위성이라고 말하기도 애매했지.

2005년 명왕성과 비슷한 궤도에서 명왕성보다 더 큰 천체인 '에리스'를 발견하면서 명왕성이 행성인지에 대한 논란이 시작됐어. 결국 천문학자들은 행성을 정의하는 기준을 새로 만들고, 명왕성과 에리스는 행성이 아니라고 결정했어. 천문학자들이 정한 행성의 조건은 이래. 첫째, 태양을 중심으로 공전해야 하고, 둘째, 둥근 형태를 갖출 만큼 충분히 크고 무거워야 하며, 셋째, 궤도 주변에 있는 비슷한 크기의 천체를 치워 버릴 수 있을 정도로 중력이 커야 한다는 거야.

하지만 명왕성은 공전 궤도에 영향력이 큰 다른 천체가 있잖아? 명왕성은 첫 번째와 두 번째 조건에는 해당됐지만 세 번째 조건을 갖추지 못했기 때문에 행성의 지위를 잃었어. 대신 에리스와 함께 **왜소 행성**이라는 새로운 지위를 얻었지.

아직도 새로운 위성이 발견된다고?

최첨단 과학 기술을 보면 태양계쯤이야 과학자들이 손바닥 들여다보듯이 꿰고 있을 것 같지만 사실은 그렇지 않아. 태양계에 대한 지식은 지금도 새롭게 더해지고 있거든. 명왕성 이야기도 놀랍지만, 우리는 아직도 태양계 행성이 얼마나 많은 위성을 가지고 있는지조차 정확히 알지 못해.

예를 들어 볼까? 지구는 위성이 하나밖에 없지만, 목성과 토성은 위성이 무려 70개가 넘어. 2019년 초까지만 해도 목성의 위성이 79개로 태양계에서 가장 많았는데, 2019년 10월에 토성에 20개의 위성이 더 발견되면서 총 82개의 위성을 거느린 천체로 기록됐어. 토성만큼 많은 것은 아니지만, 해왕성에서도 2019년에 새로운 위성이 발견됐어. 서울보다 면적이 6배 정도 넓은, 작은 편에 속하는 위성이었지. 이 발견으로 해왕성의 위성은 14개로 늘어났어.

앞으로 새로운 위성이 더 발견될지, 아닐지는 아직 아무도 몰라. 지구에서 비교적 멀리 있는 태양계 행성에 정확히 몇 개의 위성이 있는지는 과학자들이 더 연구해 봐야 하는 상황이야. 이처럼 태양계에 대한 지식은 계속해서 변화하는, 살아 있는 생생한 지식이라고 할 수 있어.

인공위성이 태양계의 모습을 바꿔!

이번엔 인공위성이 바꿔 놓은 태양계의 모습을 살펴보자. 인공위성은 방송, 통신, 기상, 과학 등의 정보를 얻기 위해 지구에서 쏘아 올린 물체야. 마치 위성처럼 지구 주위를 공전하며 임무를 수행하고 있어.

태양계는 지금의 모습을 형성한 뒤 수십억 년동안 큰 변화가 없었는데, 인간에 의해서 달라지고 있어. 인류가 처음 지구 주위를 도는 인공위성을 올려 보낸 건 1957년이었어. 러시아에서 '스푸트니크 1호'라는 이름의 위성을 발사한 거야. 그 뒤로 수많은 인공위성이 발사됐고, 심지어 우주 비행사가 머물 수 있는 우주 정거장도 만들었지. 지금도 수천 개의 인공위성이 지구 주위를 돌고 있다고 해.

이런 인공위성에 의해 지구의 모습은 과거와는 사뭇 달라졌어. 현재 지구는 인공위성과 더불어 인공위성을 우주로 보내기 위해 발사된 로켓의 잔해 등이 주위를 둘러싸고 있는 모습으로 변했지.

물론 너무 많은 인공위성을 쏘아 보내면서 '우주 쓰레기'라는 말이 생겨난 건 안타까운 일이야. 그래서 최근에는 망가지거나 수명을 다한 인공위성, 로켓 잔해 등을 처리하는 우주 청소 기술도 활발히 연구하고 있어.

인공위성처럼 태양계의 모습을 바꿔 놓은 새로운 구성원이면서, 한편으로는 태양계의 감춰진 비밀을 알게 해 주는 특별한 도구가 있어. 바로 우주 탐사선이야. 망원경으로는 관측하기 힘든 여러 천체들을 자세히 관측해 새로운 사실들을 밝혀내지.

예를 들어 1998년에 미국에서 발사한 탐사선 '루나 프로스펙터'는 달에 물이 있을 수 있다는 증거를 발견했어. 달의 남극과 북극 지역에 물을 구성하는 화학 성분인 수소가 집중적으로 분포해 있다는 걸 알아낸 거야.

이 외에도 여러 우주 탐사선이 달 주위를 돌면서 달의 지형을 알아내거나 달 표면을 구성하는 암석의 성분을 분석했어.

우주 탐사선은 달보다 멀리 있는 태양계 행성에도 도달해 과학자들의 눈 역할을 해주고 있어. 그중에서도 특별한 건 목성과 토성, 천왕성, 해왕성을 모두 방문한 '보이저 2호'와 명왕성의 맨얼굴을 보여준 '뉴허라이즌스' 탐사선이야. 지구에 있는 망원경으로는 보기 어려운 행성의 상세한 모습을 촬영해 보내 줬거든. 또 유럽에서 발사한 '로제타'는 무려 10년이나 우주 공간을 비행하다가 처음으로 혜성 표면에 도착해 수많은 사진을 촬영했어.

더 알아보기

달과 화성 표면을 달리는 로봇이 있다고?

　망원경에서부터 우주 탐사선까지, 인류는 발전된 기술을 이용해 태양계에 대한 지식을 확장해 왔어. 그리고 이제는 태양계 천체 표면에 로봇과 드론까지 보냈지.

　달과 화성에도 사람이 보낸 로봇이 표면에 착륙해 탐사 활동을 벌이고 있어. 2019년 중국은 달 탐사선 '창어 4호'에 탐사 로봇 '위투 2호'를 실어 달에 보냈어. 위투 2호는 처음으로 달의 뒷면에 착륙하여 달의 지표면을 돌아다니며, 달이 어떤 물질로 이루어져 있는지 탐색했지. 또 미국은 1965년부터 화성에 탐사 로봇을 보내 화성의 표면과 대기 성분 등을 조사해 왔어. 특히 2021년에 화성에 착륙한 '퍼서비어런스'는 탑재한 드론을 날려서 인류 최초로 화성의 하늘을 날아다녔단다.

이제 인류는 직접 행성에 날아가 화성 표면을 밟고 탐사할 계획까지 세우고 있어. 미국과 중국은 정부 차원에서 2030년대에 우주 비행사를 화성에 보내 착륙시킬 예정이고, 스페이스 엑스라고 하는 미국의 우주 탐사 기업은 그보다 앞선 2024년경에 화성에 우주선을 보낼 계획이야.

어때? 인간의 도전 정신과 태양계에 대한 호기심은 정말 끝이 없지? 첨성대에 올라 하늘을 관측하던 조상들이 이 사실을 알면 뭐라 말할까? 아마 무척 놀라고 기뻐할 거야. 우주에 대한 조상들의 호기심을 이어받아 상상도 못 했던 태양계의 새로운 모습들을 알아 가고 있으니 말이야. 앞으로 또 어떤 새로운 태양계의 모습이 밝혀질지 기대해 보자!

⭐ 도전! 퀴즈 왕

1. 아래 문장을 잘 읽고 맞으면 O, 틀리면 X 표시 하세요.

- 태양계는 영역이 확장되기도 하고, 구성원의 지위가 변하기도 해요. (   )
- 명왕성은 태양계에서 가장 멀리 있는 행성으로, 행성의 지위를 굳건히 지키고 있어요. (   )
- 명왕성은 '에리스'라고 하는 위성을 가지고 있어요. (   )
- 명왕성은 질량이 지구의 0.2퍼센트에 불과할 정도로 가볍고, 크기는 지구의 5분의 1도 안 돼요. (   )

2. 아래 상자의 글을 읽고 '이것'이 무엇인지 고르세요.

- '이것'은 방송, 통신, 기상, 과학 등의 정보를 얻기 위해 지구에서 쏘아 올린 물체예요.
- '이것'에 의해 지구의 모습이 과거와는 사뭇 달라졌어요.
- 너무 많은 '이것'을 쏘아 보내면서 우주 쓰레기가 생겨나기도 했어요.

① 인공위성   ② 탐사선   ③ 망원경   ④ 비행기

3. 천문학자들이 정한 행성의 특징에 대한 설명으로 틀린 것을 고르세요.

① 태양을 중심으로 공전해야 해요.

② 둥근 형태를 갖출 만큼 충분히 크고 무거워야 해요.

③ 궤도 주변에 있는 비슷한 크기의 천체를 치워 버릴 수 있을 정도로 중력이 커야 해요.

④ 다른 행성의 항성이 아니어야 해요.

4. 왼쪽 설명에 맞는 인공위성과 탐사선을 찾아 줄을 그어 보세요.

① 인류가 처음 발사한 지구 주위를 도는 인공위성이에요.

② 달에 물이 있을 수도 있다는 증거를 발견한 탐사선이에요.

③ 목성과 토성, 천왕성, 해왕성을 모두 방문한 탐사선이에요.

④ 처음으로 혜성 표면에 도착해 수많은 사진을 촬영한 탐사선이에요.

㉠ 보이저 2호

㉡ 스푸트니크 1호

㉢ 루나 프로스펙터

㉣ 로제타

> 질문 있어요!

 **우주 쓰레기는 어떻게 처리해요?**

인류는 우주에 인공위성과 우주 망원경, 우주 정거장을 쏘아 올리면서 활발하게 우주 개발을 해 왔어. 덕분에 우주에 대해 이전과 비교할 수 없을 정도로 많은 지식을 갖게 됐지. 인공위성을 이용해 해안이나 도시에서 멀리 떨어져 있는 오지에서도 통신을 하고, 방송을 볼 수도 있어. 머지않아 우주여행을 할 수 있을지도 몰라.

하지만 문제도 있어. 인공위성을 발사할 때마다 떨어져 나온 로켓 부품들이 지구 주위에 남게 되고, 때로는 이 부품들이 서로 부딪히면서 더 작은 파편들이 생기지. 게다가 사용할 수 있는 기간이 지나서 고장 난 인공위성들도 어쩔 수 없이 지구 주위를 돌고 있어. 이렇게 마치 쓰레기처럼 지구 주위를 에워싸서 돌고 있는 물체들을 '우주 쓰레기'라고 불러. 과학자들은 1센티미터 이상의 물체들을 합하면 약 90만 개의 우주 쓰레기가 지구 주위를 돌고 있을 거라고 생각하고 있어.

상황이 점차 심각해지자 세계 각국의 과학자들이 우주 쓰레기를 처리할 다양한 방법을 연구하고 있어. 로봇 팔이 달린 청소 위성을 개발해 수명을 다한 인공위성을 처리하는 방법, 우주 쓰레기를 레이저로 태우는 방법 등을 연구하고 있지. 또 새로 발사하는 위성에는 수명을 다하면 지구로 돌아오거나 안전한 궤도로 이동하도록 하는 기능을 탑재하는 방법도 연구하는 중이야.

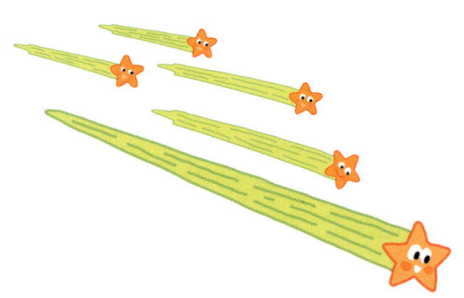

글쓴이 **최영준**

천문학자를 꿈꾸던 어린 시절을 거쳐 과학 전문 기자로 12년간 활동했다. 지은 책으로 『자연재해로부터 탈출하라!』, 『화산이 들썩들썩! 백두산이 폭발한다면?』, 『지구가 흔들흔들! 해운대에 지진이 일어난다면?』, 『도시가 깜빡깜빡! 대정전이 일어난다면?』, 『초등학교 때 꼭! 해야 할 재미있는 창의 활동 365』(공저) 등이 있다.

그린이 **민과우**

출판사 편집자였다가 일러스트레이터가 된 최민희와 편집 디자이너였다가 일러스트레이터가 된 우지현이 함께 그렸다. 둘 다 동물을 좋아하고, 함께 태양계를 여행하는 행운에 기뻐했다. 우리 어린이들도 신비한 태양계와 만나게 되기를 소망한다.

6 태양계 천체의 운동

과학은 쉽다!

1판 1쇄 펴냄 2022년 4월 20일
1판 4쇄 펴냄 2024년 4월 8일
글 최영준 그림 민과우
펴낸이 박상희 **편집장** 전지선 **편집** 송재형 **디자인** 정상철, 이슬기
펴낸곳 (주)비룡소 출판등록 1994. 3. 17(제16-849호)
주소 (06027) 서울시 강남구 도산대로1길 62 강남출판문화센터 4층
전화 02)515-2000 **팩스** 02)515-2007 **홈페이지** www.bir.co.kr
제품명 어린이용 반양장 도서 **제조자명** (주)비룡소 **제조국명** 대한민국 **사용연령** 3세 이상

ⓒ 최영준, 민과우, 2022. Printed in Seoul, Korea.

ISBN 978-89-491-8933-8 74400/ 978-89-491-8927-7(세트)